대림아이
첫술에 배부른 역사 시리즈 **01**

## 왕이 들려주는

# 조선왕조실록

**조아라** 글 | **수아** 그림

대림아이

# 작가의 말

옛날에는 왕이 그야말로 '왕'이었던 시절이었어요. 왕은 뭐든 다 할 수 있는 막강한 힘을 가졌으니까요. 하지만 그런 왕에게도 두려운 대상이 있었다고 해요. 바로 '기록'이랍니다. 자신이 이룬 위대한 업적뿐 아니라 잘못까지도 낱낱이 기록한 '역사'는 아무리 힘이 센 왕이라 할지라도 없앨 수 없었으니까요.

그중에서도 조선의 역사를 기록한 〈조선왕조실록〉은 472년의 역사를 빼곡하게 적어 둔 것으로 유네스코 세계 기록 유산에 등재될 만큼 뛰어난 가치를 가졌어요. 〈조선왕조실록〉에는 역대 왕들이 나라를 다스리는 동안에 일어난 모든 일이 기록되어 있는데, 이 기록은 왕조차도 함부로 볼 수가 없었답니다. 단순히 왕에 대한 기록뿐 아니라 당시 조선에서 일어난 중요한 사건들을 빠짐없이 기록해서 후세 사람들이 역사를 아는 데 큰 도움을 주었지요.

길고 긴 〈조선왕조실록〉을 우리가 다 읽어 보기는 어려워요. 하지만 조선을 세운 태조부터 조선과 함께 멸망한 순종까지 조선 왕들을 알아보는 것만으로도 조선의 역사를 훨씬 쉽고 재미있게 이해할 수 있을 거예요. 왕은 어떻게 되는지, 또 왕이 되면 어떤 일을 하는지 알 수 있답니다. 그리고 왕의 자리에 있는 게 결코 쉬운 일만은 아니라는 것도 깨닫게 될 거예요. 왕 옆에 어떤 신하가 있느냐에 따라 왕의 운명이 결정된다는 사실도요.

이 책을 읽으며 조선에 한 발짝 더 다가갈 수 있게 된다면 그것만으로도 이 책은 할 일을 다한 거예요. 더 궁금한 내용을 찾아본다면 더욱 좋겠죠. 이건 어떨까요? 여러분이 조선 왕이 되어 자신만의 기록을 남기는 거예요. 아무리 사소한 일이라도 그것이 훗날 어떤 결과를 가져올지는 모르잖아요. 그리고 그 기록은 여러분이 어떻게 살아가야 하는지 길을 안내해 주는 나침반이 되어 줄 거예요. 조선의 마지막 왕은 순종이지만 지금 여러분의 왕은 나 자신이랍니다!

# 조선 왕조 연표 ★ 차례


**1대 태조 ★ 10**
1392년~1398년

**2대 정종 ★ 14**
1398년~1400년

**3대 태종 ★ 18**
1400년~1418년

**4대 세종 ★ 22**
1418년~1450년

**5대 문종 ★ 26**
1450년~1452년

**6대 단종 ★ 30**
1452년~1455년

**7대 세조 ★ 34**
1455년~1468년

**8대 예종 ★ 38**
1468년~1469년

**9대 성종 ★ 42**
1469년~1494년

**10대 연산군 ★ 46**
1494년~1506년

**11대 중종 ★ 50**
1506년~1544년

**12대 인종 ★ 54**
1544년~1545년

**13대 명종 ★ 58**
1545년~1567년

**14대 선조 ★ 62**
1567년~1608년

15대 광해군 ★ 66
1608년~1623년

16대 인조 ★ 70
1623년~1649년

17대 효종 ★ 74
1649년~1659년

18대 현종 ★ 78
1659년~1674년

19대 숙종 ★ 82
1674년~1720년

20대 경종 ★ 86
1720년~1724년

21대 영조 ★ 90
1724년~1776년

22대 정조 ★ 94
1776년~1800년

23대 순조 ★ 98
1800년~1834년

24대 헌종 ★ 102
1834년~1849년

25대 철종 ★ 106
1849년~1863년

26대 고종 ★ 110
1863년~1907년

27대 순종 ★ 114
1907년~1910년

# 1대 태조

## 새 나라 조선을 세운 왕

| 이름 | 이성계 |
| --- | --- |
| 출생-사망 | 1335년~1408년 |
| 재위 기간 | 1392년~1398년 |

안녕! 내 이름은 이성계. 500년 역사를 자랑하는 위대한 나라 조선을 세운 왕이야. 난 고려 때 천하제일의 전쟁 영웅으로 불렸던 군인 출신이야. 홍건적과 왜구를 무찔러서 큰 인기를 얻었지. 그래서 결심했어! 썩어 가는 고려를 끝장내고 새로운 나라를 만들기로 말이야.

난 요동을 정벌하러 가던 중 군대를 돌려 권력을 얻고 고려의 마지막 왕인 공양왕을 내쫓았어. 뭐, 내가 왕이 되고 싶은 욕심 때문에 그랬던 건 아니야. 암울한 현실에 불만이 많았던 사람들이 나를 원해서 모두를 위해 큰 결심을 한 거야.

당시 고려는 관리들의 부정부패로 인해 썩을 대로 썩어 있었어. 그래서 난 대대적인 토지 개혁인 과전법을 실시하고 군사력을 강화했어. 새로운 나라를 세웠으니 나라의 이름을 '조선'이라 바꾸고 수도를 개경에서 한양으로 옮겼지. 물론 이런 일을 순전히 나 혼자 한 건 아니고 내 옆에 있는 든든한 신하 정도전과 함께했어.

새 나라 조선을 세운 건 내가 세상에 태어나서 가장 잘한 일이야. 하지만 좋은 일만 있었던 건 아니야. 왕위를 물려주는 과정에서 불만을 가진 다섯째 아들 방원이가 형제들과 정도전을 죽였거든. 내 인생에서 가장 큰 고통과 시련이었지. 내 말년은 그렇게 쓸쓸히 저물어 갔단다.

# 2대 정종

## 허수아비 왕

| 이름 | 이방과 |
|---|---|
| 출생-사망 | 1357년~1419년 |
| 재위 기간 | 1398년~1400년 |

내 이름은 이방과. 조선을 세운 태조 이성계의 둘째 아들이야. 난 아버지와 같은 군인 출신으로 무예가 뛰어나 전쟁에서 활약했지. 세자 자리를 놓고 싸움이 일어난 후 아버지는 왕위에서 물러났어. 사실 그때 당연히 왕 자리에 가장 욕심을 내던 동생 이방원이 왕을 할 줄 알았어.

하지만 방원이는 나에게 왕을 하라고 떠밀었지. 나에게 왕을 양보했다고 생각하진 마. 동생을 죽이고 왕위를 차지하면 손가락질을 받을까 봐 날 대신 세운 거니까. 그래서 방원이의 뜻에 따라 왕의 힘을 키우는 정책을 펼치기도 했고 억울하게 노비가 된 사람들의 신분을 되찾아 주기도 했어.

왕은 형님이 하세요~

난 왕이 된 2년 동안 방원이의 말을 잘 들어주었어. 솔직히 허수아비 왕이었지. 난 동생의 손에 죽고 싶지 않았거든. 왕이 되고 싶은 욕심도 없었어. 왕위를 물려줄 자식도 없다 보니 다른 동생인 방간이가 왕 자리를 탐내기 시작했어. 그러자 방원이는 그 속셈을 알고 방간이까지 죽이려 하지 뭐야.

난 방원이에게 제발 형제를 죽이지 말라고 설득하고 왕위를 물려주었어. 왕 자리를 내주니 세상 편하더라. 그 이후 난 궁궐에서 사냥이나 다니며 편안한 삶을 살았어. 비록 허수아비 왕이긴 했지만 내 덕에 형제들이 또다시 피를 흘리는 일은 없었어. 난 평화주의자니까!

# 3대 태종

## 조선의 기틀을 다진 왕

| 이름 | 이방원 |
|---|---|
| 출생-사망 | 1367년~1422년 |
| 재위 기간 | 1400년~1418년 |

안녕! 난 태조 이성계의 다섯째 아들 이방원이야. 앞에서 아버지와 형 얘기만 듣고 다들 날 잔인한 왕이라 오해하는 것 같은데 난 그렇게 나쁜 왕이 아니야. 조선 건국은 내 도움 없이는 불가능했어. 새 나라를 세우는 데 걸림돌이었던 정몽주를 제거한 게 바로 나니까.

그런데 아버지는 내 도움을 다 받아 놓고는 글쎄 세자 자리를 막내에게 준 거야. 아버지에게 배신당한 나로서는 가만히 있을 수가 없었어. 어린 막내에게 조선을 물려줄 순 없잖아. 내가 어떻게 이룩한 나라인데!

왕자의 난을 거치면서 결국 난 조선의 세 번째 왕이 되었어. 난 왕이 된 후 일단 왕권을 튼튼히 하는 일에 힘썼어. 그리고 신분을 증명할 수 있는 호패법을 만들어서 인구를 조사했어. 농지를 조사하고 실제 생산량을 파악하는 양전법을 만들고 여러 가지 제도를 실시했어. 전국을 8도로 나누고 행정 구역을 정리한 것도 다 내가 한 일이라고.

비록 내가 왕이 되기 위해 형제와 신하들을 죽였지만 왕이 된 후로 나랏일을 잘 돌봐서 조선의 기틀을 마련했다는 건 인정해 주었으면 해.

鄭啓淳 己酉生
鄭範朝
甲午
鄭基世 甲戌生 丁酉文科
鄭啓淳
辛卯

# 4대 세종

## 우리 역사에 길이 남을 최고의 왕

| 이름 | 이도 |
| --- | --- |
| 출생-사망 | 1397년~1450년 |
| 재위 기간 | 1418년~1450년 |

애들아, 안녕? 내 이름은 이도야. '세종 대왕'으로 잘 알려져 있지. 난 태종의 셋째 아들이었지만 왕위를 물려받았어. 우여곡절 끝에 왕이 되면서 나는 결심했어. 백성들을 위한 왕이 되어야겠다고 말이야.

우선 나는 훌륭한 신하들을 많이 뽑았어. 좋은 나라는 왕 한 명으로만 만들어질 수 없다고 생각했거든. 장영실처럼 노비 출신이라도 능력만 있다면 내 옆에 두었지. 황희, 맹사성, 김종서, 성삼문, 신숙주, 정인지, 박연 등 뛰어난 인물들도 모두 나와 함께 일했던 신하들이란다.

책 읽고 공부하는 걸 좋아했던 나는 집현전을 만들어 학자들이 연구에 몰두할 수 있도록 했어. 또 농사짓는 백성을 위해 〈농사직설〉을 만들고 과학 기술을 발전시키는 데에도 힘을 쏟았어. 무엇보다 내가 가장 잘한 일은 훈민정음을 만든 거야. 그전까지 중국의 한자를 빌려 쓰느라 글을 모르는 백성들이 많았거든.

난 백성들이 어떻게 하면 좀 더 편하고 행복하게 살 수 있을까를 늘 고민했단다. 그러다 보니 일을 너무 많이 해서 병이 나기도 했지. 그래도 우리 역사에 가장 존경받는 왕으로 불려서 너무나 행복해.

# 5대 문종

## 오랫동안 세종을 보필한 왕

| 이름 | 이향 |
| --- | --- |
| 출생-사망 | 1414년~1452년 |
| 재위 기간 | 1450년~1452년 |

나는 이향이라고 해. 내 아버지는 우리나라에서 가장 존경받는 인물인 세종이지. 난 세자로 있으면서 약 30년 동안 아버지를 보필했어. 병환이 잦으셨던 탓에 내가 대신해서 나랏일을 하기도 했어.

아버지께서 돌아가시고 내가 나라를 다스릴 때에도 아버지의 뜻을 따라 한 일들이 많았어. 난 아버지를 많이 닮았거든. 책 읽는 것도 좋아하고 과학에도 관심이 많았지.

비의 양을 재는 측우기를 처음 만든 것도 바로 나란다. 나는 나라를 튼튼하게 하기 위해 국방에 많은 관심을 기울였어. 군사적인 부분에서 여러 개혁도 시도했지. 전쟁에 관한 책도 쓰고 '문종 화차'라는 신무기를 만들기도 했어. 하지만 아버지 때만큼 왕권이 강력하지 못했어. 게다가 내 건강도 왕권을 뒷받침해 주지 못했단다.

나랏일에 너무 열중한 나머지 나는 왕이 된 지 2년 만에 병으로 세상을 떠나고 말았어. 내가 일찍 죽은 게 내 아들 단종에게 큰 불행이 되었어. 그래서 그게 가장 속상해.

# 6대 단종

## 비극적인 운명을 지닌 어린 왕

| 이름 | 이홍위 |
|---|---|
| 출생-사망 | 1441년~1457년 |
| 재위 기간 | 1452년~1455년 |

난 이홍위라고 해. '단종'이라고도 불리지. 우리나라 역사에서 나만큼 비극적인 삶을 살다 간 왕도 없을 거야. 우리 아버지 문종은 왕이 된 지 2년 만에 돌아가셨어. 그때 내 나이는 겨우 열두 살이었어. 어린 소년이 뭘 알고 나랏일을 할 수 있겠어? 내 옆에는 할아버지 세종 때부터 일했던 김종서, 황보인 등의 신하들이 있었지만 그분들도 나이가 많아서 이제 힘이 없었어. 무엇보다 내 숙부 수양 대군은 내가 왕이 되자 드러내고 왕 자리에 욕심을 냈지.

수양 대군은 부하들과 거짓으로 일을 꾸며 내 신하들을 모두 없애 버렸어. 그러고는 모든 권력을 잡았어. 결국 난 왕의 자리를 숙부에게 넘겨주었어. 여기서 끝났다면 내 삶도 그렇게까지 비극적이지는 않았을 거야. 1년 뒤, 몇몇 신하들이 나를 다시 왕으로 세우기 위해 계획을 세웠어. 그 일이 수양 대군에게 들통나면서 그 신하들은 모두 목숨을 잃었고 나도 강원도 영월로 유배를 갔지.

그런데도 또 다른 숙부 금성 대군이 나를 다시 왕으로 세우겠다는 계획을 하다 죽었고 나는 아예 서민의 신분이 되고 말았어. 수양 대군의 신하들은 내가 살아 있는 한 언제고 다시 왕 자리를 노릴지 모른다며 억지로 죽음을 강요했단다. 아무도 지켜 줄 사람이 없었던 나는 열일곱의 나이로 세상을 떠나야 했어.

# 7대 세조

## 조카를 내쫓고 왕위에 오른 왕

| 이름 | 이유 |
|---|---|
| 출생-사망 | 1417년~1468년 |
| 재위 기간 | 1455년~1468년 |

이봐, 내 조카 단종의 얘기만 듣고 날 그렇게 흘겨보면 곤란해. 내 이름은 이유. 한때 수양 대군이었지. 다들 내가 어린 조카의 왕위를 빼앗고 죽였다고 욕하는데 내게도 다 그럴 만한 사정이 있었다고. 난 세종의 둘째 아들로 태어나 아버지의 영향을 받아 책을 가까이했어. 풍수지리나 음악에 대해서도 잘 알았고 활 솜씨도 빼어났지.

이렇게 준비된 왕인 나를 두고 고작 열두 살밖에 안 된 조카가 왕위에 오른다는 게 말이 돼? 어린 조카가 어떻게 나라를 다스릴 수 있겠어? 김종서와 황보인이 나라를 쥐락펴락하며 왕권을 약하게 만들 게 불 보듯 뻔한데.

그래서 내가 어쩔 수 없이 결단을 내린 거야. 일단 나는 신하들이 모여서 나를 비판하거나 어떤 계획을 세울까 봐 집현전을 없앴어. 그리고 경연*도 폐지해 버렸어.

그래도 나라를 위해 제대로 한 일도 많아. 왕권을 강화하기 위해 왕에게 직접 보고하는 제도로 바꾸고, 토지 제도와 군사 제도도 새롭게 고쳤어.

* **경연:** 신하가 임금에게 역사와 유교 등 학문을 가르치는 일

또 〈경국대전〉이라는 조선의 법전도 만들기 시작했어. 두만강의 여진족을 몰아낸 것도 나야. 내가 비록 조카를 내쫓고 왕이 되긴 했지만 나라를 위해 많은 일을 했다는 것도 꼭 기억해 주길 바라.

# 8대 예종

## 어리지만 강력했던 왕

| 이름 | 이황 |
|---|---|
| 출생-사망 | 1450년~1469년 |
| 재위 기간 | 1468년~1469년 |

안녕? 나는 세조의 둘째 아들인 이황이야. 나에게는 형이 하나 있었는데 어릴 때 죽어서 둘째인 내가 세자가 되었어. 세자 수업은 하루에 세 번씩 있었지만 나는 11년 동안 한 번도 빠지지 않고 참석한 모범생이었어. 그래서 아버지가 나를 특히 예뻐하셨지. 아버지의 건강이 나빠지자 나는 대신들과 함께 나랏일을 처리하기도 했어. 이런 내 모습에 아버지는 무척 기뻐하셨어.

열아홉 살에 왕이 된 나는 강력한 힘을 가져야겠다고 생각했어. 아버지 때 권력을 쥔 신하들과 친척들 사이에서 너무 힘들었거든.

일단 왕의 자리를 넘보는 친척들부터 모두 없앴어. 그리고 신하들의 힘을 억누르기 위한 정책을 폈지. 난 비록 어리긴 했지만 법에 따른 강력한 왕권을 만들고자 엄격한 방법으로 나라를 다스렸어.

하지만 왕이 된 지 1년 만에 어릴 때부터 앓던 병으로 갑자기 숨을 거두고 말았단다. 너무 억울해! 나도 아버지 세조처럼 강력한 왕이 되고 싶었단 말이야! 역시 건강이 최고라는 거 잊지 마.

# 9대 성종
## 조선을 안정시킨 왕

| 이름 | 이혈 |
|---|---|
| 출생-사망 | 1457년~1494년 |
| 재위 기간 | 1469년~1494년 |

안녕! 난 9대 왕 성종이야. 원래 왕 자리는 현재 왕의 아들이 물려받는 거 알지? 난 왕과는 거리가 먼 사람이었어. 왜냐하면 나는 바로 전 왕인 예종의 조카였거든. 예종이 갑자기 죽자 세조의 부인인 정희 왕후는 나를 왕으로 추천했어. 예종의 아들은 그때 겨우 네 살이었거든. 그리고 내 장인어른이 당시 가장 힘이 센 한명회였어. 그때 나도 열세 살의 어린 나이라 할머니인 정희 왕후가 수렴청정*을 했단다.

* **수렴청정:** 왕이 어린 나이로 즉위했을 때 왕대비나 대왕대비가 왕을 도와 나랏일을 돌보던 일이에요. 신하를 만날 때 그 앞에 발을 늘였어요.

할머니가 물러나고 내가 직접 나라를 돌보면서 난 권력을 쥔 신하들의 힘을 억눌러야겠다고 생각했어. 어린 왕을 쉽게 보고 자기 마음대로 나라를 흔들려고 하는 신하들을 예전부터 많이 봐 왔으니까. 그래서 힘이 세진 신하들과 맞설 새로운 신하들을 뽑기 위해서 과거 시험도 자주 보았어. 새로 뽑은 신하들은 '사림'이라고 불리는데 내 옆에서 나라를 위해 일했어.

그리고 드디어 세조 때부터 만들기 시작한 〈경국대전〉을 완성하여 정부 조직뿐 아니라 백성들의 일상생활까지 관리했어. 이것으로 유교적 법치국가*의 틀을 세웠다고 볼 수 있지. 그리고 세조 때 없앤 경연을 다시 실시하고 거의 매일 참석했어. 25년 동안 내가 왕위에 있으면서 조선은 말 그대로 태평성대*를 이루었단다.

* **법치국가:** 법에 의해 다스리는 나라
* **태평성대:** 어진 임금이 잘 다스려 태평한 시대

# 10대 연산군

## 나라를 뒤흔든 포악한 왕

| 이름 | 이융 |
| --- | --- |
| 출생-사망 | 1476년~1506년 |
| 재위 기간 | 1494년~1506년 |

내 이름은 이융. 조선에서 가장 악명 높은 왕 연산군이야. 아버지 성종이 죽고 큰아들이었던 내가 왕위를 이어받았지. 처음에는 나도 나라를 제법 잘 다스렸어. 암행어사를 보내 나쁜 관리들을 감독하고 왜적이 조선을 넘보지 못하도록 국방력도 강화했지. 이렇게 잘하는데도 나한테 입바른 말을 하며 쓴소리하는 신하들이 있지 뭐야. 난 누가 날 비판하는 건 질색이거든. 게다가 난 학문에 뜻이 없는데 신하들은 자꾸만 공부를 시키려고 했어. 그래서 혼쭐을 내줬지.

훌륭한 왕이라고 칭송받는 아버지의 그늘에 가려져 나는 뭘 해도 좋은 말을 듣지 못했어. 게다가 아버지와 신하들이 우리 어머니를 모함해서 내쫓고 죽였다는 사실을 알고 나자 내 분노는 극에 달했어. 그 일과 관련된 모든 사람들을 죽이고 나랏일은 내팽개쳤지.

그리고 나를 비판하는 글이 한글로 쓰였길래 한글 공부를 중단시켰어. 또 경연을 없애고 성균관에서 학생들을 몰아낸 뒤 흥청망청 잔치를 벌였지. 내 분노를 달랠 길은 사냥과 잔치뿐이었거든. 결국 나라 사정은 점점 어려워졌고 신하들이 들고일어나 나를 내쫓았어. 난 강화도에서 쓸쓸히 죽음을 맞이하고 말았단다.

# 11대 중종

## 신하들이 반정으로 세운 왕

| 이름 | 이역 |
|---|---|
| 출생-사망 | 1488년~1544년 |
| 재위 기간 | 1506년~1544년 |

난 이역이야. '중종'이라고도 불리지. 우리 아버지는 성종이고 난 연산군의 이복동생이란다. 연산군의 포악함을 참다못한 신하들이 연산군을 내쫓고 세운 왕이 바로 나야. 그러니까 나는 신하들이 반정으로 세운 왕이지.

그런데 반정에 성공한 신하들의 세력이 워낙 크다 보니 내 마음대로 정치를 하기 어려웠어. 나도 내가 꿈꾸는 나라가 있는데 말이야.

알고 보면 나도 꽤 능력 있는 왕이라고. 그런데도 반정에 공을 세운 신하들의 등쌀에 내 정치를 펼치기 어려웠어.

그런 와중에 도움이 되는 신하를 만났는데 그게 바로 조광조였어. 유교 지식이 뛰어난 조광조는 선비로서 강직한 성품을 지닌 인물로 왕인 내게 조언을 아끼지 않았어. 부패한 신하들을 꺾고 새로운 신하들을 두라고 했지. 그리고 여러 가지 변화를 요구했어.

처음에는 다 맞는 말이었기 때문에 그를 따랐어. 그런데 점점 왕인 나보다 조광조가 더 인기가 많은 거야. 나는 점점 조광조를 경계하기 시작했어. 조광조의 이야기도 지겨워졌지. 그러던 어느 날, 조광조가 왕이 되려 한다는 소문을 듣자 결국 그를 죽이고 사림 신하들을 내쫓았어.

하지만 그 이후 간신들이 판을 치면서 이리저리 휘둘리게 되었고, 결국 이렇다 할 업적을 남기지 못했어.

# 12대 인종

## 어질지만 병약했던 왕

| 이름 | 이호 |
|---|---|
| 출생-사망 | 1515년~1545년 |
| 재위 기간 | 1544년~1545년 |

내 이름은 이호야. 아버지 중종의 큰아들이지. 우리 어머니는 나를 낳고 일주일 만에 돌아가셔서 아버지의 다른 부인인 문정 왕후의 손에서 자랐어. 여섯 살에 세자가 된 나는 성균관에서 글공부를 하며 왕이 될 교육을 받았어. 총명하고 바른 태도로 신하들의 기대를 한 몸에 받았지만 몸이 약했어. 게다가 아버지가 돌아가시자 음식을 제대로 넘기지 못할 정도로 너무 슬펐어. 그래서 그때 병이 나고 말았지.

하지만 그 와중에도 나는 아버지 때 제대로 이루지 못한 나랏일을 하나씩 살펴보았어. 사림에게 다시 벼슬을 주고 인재를 고루 뽑기 위해 노력했어. 아버지 중종이 내친 조광조의 억울함도 풀어 주었지.

한편 아버지의 부인인 문정 왕후는 아들을 낳자 욕심을 부리기 시작했어. 자기가 낳은 아들을 왕으로 만들고 싶어 했지. 그때부터 문정 왕후는 나를 무척 미워했어. 하지만 나는 문정 왕후에게도 효를 다하며 문정 왕후의 가족들을 다독였어. 하지만 내 병은 점점 더 깊어 갔고 결국 난 왕이 된 지 8개월 만에 병으로 세상을 떠나고 말았어. 조선의 왕 중에 가장 짧은 기간 동안 왕이었던 사람이 바로 나야.

# 13대 명종

## 외척들의 입김에 혼란에 빠진 왕

| 이름 | 이환 |
|---|---|
| 출생-사망 | 1534년~1567년 |
| 재위 기간 | 1545년~1567년 |

나는 중종과 문정 왕후 사이에서 태어난 명종이야. 형님인 인종의 이복동생이지. 인종의 뒤를 이어 나는 열두 살의 나이에 왕이 되었어. 어머니 문정 왕후가 나를 대신해 수렴청정을 했지. 외삼촌 윤원형은 문정 왕후와 함께 권력을 잡고 인종의 외삼촌 윤임을 없애려고 일을 꾸몄어. 같은 윤씨라 내 외척은 '소윤', 인종의 외척은 '대윤'이라고 불렀는데 내가 왕이 되면서 대윤은 쫓겨났어. 윤원형은 최고 벼슬에 올랐지만 첩인 정난정과 함께 온갖 나쁜 짓을 저질렀어.

엎친 데 덮친 격으로 왜구까지 쳐들어오면서 조선은 엉망진창이 되었지. 정치가 엉망이니 나라가 제대로 돌아갈 턱이 없잖아. 임꺽정이 부자들의 집을 털어 가난한 사람들에게 나누어 준 것도 다 외척 때문이야. 문정 왕후가 죽고 윤원형과 정난정이 유배를 가자 비로소 나는 제대로 된 정치를 할 수 있게 되었어.

이제야 바른 정치를 펼치려고 했는데 그만 병에 걸려서 젊은 나이에 죽게 되었단다. 너무 속상하고 안타까워.

# 14대 선조

## 백성을 버리고 도망간 왕

| 이름 | 이연 |
|---|---|
| 출생-사망 | 1552년~1608년 |
| 재위 기간 | 1567년~1608년 |

나는 명종의 조카로 14대 왕이 된 선조야. 내 숙부 명종은 아들이 없어 내가 왕의 자리를 물려받았어. 나는 학문에도 힘썼고 이황, 이이, 기대승 등의 사림 신하들과 나랏일을 보았지. 그런데 사림이 권력을 잡으면서 그들끼리 정치적, 학문적 차이가 생긴 거야. 그렇게 동인과 서인으로 나뉘어 서로 싸우기 시작했어. 나는 서인인 이이의 의견을 따르려 했는데 동인들이 심하게 반대하더라. 그렇게 편을 갈라 싸우는 붕당* 정치가 시작됐어.

* **붕당:** 정치적 입장이나 학문적 입장에 따라 나누어진 정치 무리예요.

게다가 오랫동안 전쟁이 없이 지내던 조선을 일본이 호시탐탐 넘보고 있었어. 난 그때 일본의 사정을 잘 알지 못했거든. 그래서 일본의 침입에 대비하지 못했어. 그사이 일본군은 조선을 쳐들어왔고 난 한양을 버리고 북쪽 의주로 도망갔어. 일본군은 조선 전체를 집어삼킬 것만 같았어.

다행히 이순신과 조선 수군의 활약으로 일본군은 무너지기 시작했고 전국에서는 의병이 일어났어. 명나라도 우리를 돕기 위해 지원군을 보냈지. 결국 일본군을 모두 몰아냈지만 난 백성을 버린 왕이라 불리며 비난을 받았어. 전쟁의 피해를 복구하려고 애썼지만 그것도 내 맘처럼 쉽지 않았어. 그렇게 임진왜란을 겪었던 나는 뜻을 이루지 못하고 세상을 떠났어.

# 15대 광해군

## 중립 외교로 조선을 지킨 왕

| 이름 | 이혼 |
| --- | --- |
| 출생-사망 | 1575년~1641년 |
| 재위 기간 | 1608년~1623년 |

내 이름은 이혼이야. 아버지 선조는 임진왜란이 일어나자 급하게 나를 세자로 삼았어. 사실 내 어머니는 후궁이라서 내가 세자가 되는 건 그리 쉬운 일이 아니었는데, 상황이 상황인지라 세자로 뽑히게 되었어. 아버지는 의주로 도망갔지만 나는 남아서 군사들을 모으고, 군대를 격려하고, 백성들을 위로했단다.

세자가 되었다고 해도 왕이 된다는 보장은 없었어. 아버지가 새 왕비를 맞았는데 동생 영창 대군이 태어났거든. 나는 후궁의 아들이라 영창 대군이 왕 자리를 물려받을 가능성이 더 컸어.

하지만 아버지가 돌아가실 때 영창 대군이 너무 어려서 내가 왕이 되었어. 나는 전쟁 후 어렵게 살아가는 백성들을 위해 세금 제도부터 바꿨어.

당시 명나라와 후금도 전쟁을 시작했는데 명나라에서 우리보고 도와 달라는 거야. 임진왜란 때 우리에게 지원군을 보내 줬는데 모른 척할 수도 없었어. 하지만 딱 보니까 후금이 더 세더라. 조선이 명나라를 도와주면 후금이 우리를 곱게 볼 리가 없는데 말이야.

고민 끝에 난 어느 편도 들지 않기로 했어. 이렇게 중립 외교를 펼쳐 전쟁에 휘말리려 하지 않았지만 이를 반대한 신하들도 있었어. 게다가 내가 왕위를 지키기 위해 영창 대군을 죽이자 신하들은 나를 쫓아냈어. 전쟁의 피해를 극복하고 나라를 안정시킨 나한테 너무 심한 거 아니니?

후금

# 16대 인조

## 청나라에 무릎 꿇은 왕

| 이름 | 이종 |
|---|---|
| 출생-사망 | 1595년~1649년 |
| 재위 기간 | 1623년~1649년 |

나는 선조의 손자이자 광해군의 조카야. 내 동생 능창군은 광해군을 내쫓고 왕이 되려는 음모를 꾸몄다는 누명을 쓰고 억울하게 죽었지. 난 동생을 대신해 광해군에게 복수하고 싶었어. 마침 나와 같은 생각을 가진 사람들이 많아서 나는 반정을 일으키는 데 성공했단다.

왕이 된 나는 광해군과는 전혀 다른 길을 가기로 마음먹었어. 광해군은 너무 염치가 없고 의리가 없어. 임진왜란 때 우리를 도와준 명나라를 배신하다니, 그게 사람이 할 짓이니? 비록 힘을 잃어 가도 명나라를 가까이하기로 다짐했지. 명나라는 절대 쓰러질 나라가 아니니까!

그런데 내 생각과는 달리 후금은 세력을 키워 조선에 쳐들어오고 말았어. 난 어쩔 수 없이 형제의 나라가 되겠다고 약속했지. 이후 후금은 세력을 더 키워 나라 이름을 '청'으로 고치고 다시 쳐들어왔어. 나는 남한산성으로 몸을 피했지만 끝내 청나라 황제에게 머리를 조아리며 항복하고 말았어. 이번에는 신하의 나라가 되겠다고 약속했단다. 어디 그뿐인 줄 아니? 세자와 대군, 대신들과 백성들이 청나라로 끌려갔어. 잘못된 판단으로 나는 나라를 망친 무능한 왕이 되고 말았어. 휴!

# 17대 효종

## 청을 무찌르고 싶었던 왕

| 이름 | 이호 |
|---|---|
| 출생-사망 | 1619년~1659년 |
| 재위 기간 | 1649년~1659년 |

안녕! 난 인종의 둘째 아들인 이호야. 왕이 되기 전 봉림 대군이었지. 아까 아버지인 인조가 세자와 대군이 청나라에 끌려갔다고 한 말 기억나? 내가 바로 그 대군이야. 나는 형인 소현 세자와 함께 청나라에 잡혀가 8년 동안 살았어. 내가 당한 굴욕을 꼭 되갚아 주겠다며 복수의 칼을 갈았지.

그런데 소현 세자가 갑자기 죽는 바람에 내가 세자가 되었어. 사실 형의 아들도 있었는데 아버지는 나를 세자로 삼았어. 이후 왕이 된 나는 아버지의 뜻을 따라 청나라를 무찌르기 위해 준비했어.

청
조선

나는 군대를 키우고 군사 훈련에 힘을 쏟았어. 하지만 청나라의 세력은 점점 더 거세져 복수의 기회가 없었어. 게다가 청나라와 러시아와의 전쟁이 일어나자 청나라의 요구로 러시아 정벌까지 나섰단다. 청나라를 무찌르려던 군사들로 청나라를 도와주는 꼴이 되고 만 거야. 어휴!

내가 왕위에 있는 동안 조선에는 서양인들이 많이 들어왔어. 그중 네덜란드인 벨테브레이는 대포 만드는 법을 알려 주었고 조선에 왔던 하멜은 네덜란드로 돌아가 조선을 알리는 책을 쓰기도 했어. 나는 청나라를 무너뜨리기 위해 노력했지만 갑작스런 죽음으로 노력이 모두 물거품이 되고 말았어.

# 18대 현종

## 예절 논쟁에 휘말린 왕

| 이름 | 이연 |
|---|---|
| 출생-사망 | 1641년~1674년 |
| 재위 기간 | 1659년~1674년 |

난 효종의 아들 현종이야. 아버지가 돌아가시고 내가 왕이 되자마자 궁궐 안에서는 다툼이 벌어졌어. 아버지 효종의 새어머니이자 나의 새할머니인 자의 대비가 아버지의 장례식 때 상복을 몇 년이나 입어야 하는지에 대한 문제로 말이야. 이게 무슨 문제가 되냐고? 조선은 엄격한 유교 국가여서 장례 예절을 지키는 것이 아주 중요했거든. 신하들은 편을 나누어 서로 자기가 맞다고 주장했어.

내 어머니가 돌아가셨을 때에도 상복 입는 문제로 신하들은 또 편을 나누어 싸우기 시작했어. 이게 다 할아버지인 인조가 늦게 새 왕비를 맞이해서 벌어진 일이야. 아무튼 신하들은 편을 갈라 싸우고 난 중간에서 너무 골치가 아팠어. 정치 싸움이 계속되니 나라가 잘 될 턱이 있겠니?

조선은 힘이 점점 약해졌고 엎친 데 덮친 격으로 심한 가뭄이 들어 농사가 제대로 되지 않았어. 게다가 갑작스러운 추위까지 이어져 백성들이 정말 고생했지. 백성들을 보며 마음이 괴롭고 예절 논쟁으로 시달리고 건강마저 나빠져서 나는 젊은 나이에 죽고 말았어. 스트레스가 만병의 근원이라잖아. 휴!

# 19대 숙종

## 왕비마저 정치에 이용한 왕

| 이름 | 이순 |
|---|---|
| 출생-사망 | 1661년~1720년 |
| 재위 기간 | 1674년~1720년 |

내 이름은 이순이야. 난 그야말로 정통성을 가진 왕이야. 원래 왕은 왕비가 낳은 큰아들이 되는 거 알지? 내가 바로 그 완벽한 조건을 갖춘 남자야. 그래서 늘 자신감이 넘쳤지. 나는 열네 살 어린 나이에 왕이 되었지만 수렴청정 없이 바로 나랏일을 시작했어.

당시 조선은 신하들의 붕당 싸움이 심했는데 권력을 잡은 붕당의 힘이 셌어. 하지만 신하는 신하일 뿐! 왕보다 힘이 센 것은 받아들일 수 없었어.

그래서 나는 권력을 잡은 붕당이 너무 힘이 세지면 그 붕당을 몰아내고 다른 붕당에게 권력을 주는 환국을 일으켰어. 환국을 이용해 한쪽 붕당이 권력을 계속 잡지 못하게 만든 거야. 환국이 일어날 때마다 왕비도 바꾸었어. 그러면서 왕의 힘은 더욱 강해졌단다.

강력한 힘으로 나는 백성들의 생활을 안정시키는 데 힘썼어. 특산품 대신 쌀로 내는 세금 제도를 전국으로 확대하고, '상평통보'라고 하는 돈을 전국에서 쓰게 했어.

훗날 내 후손인 영·정조 시대에 조선이 크게 발전할 수 있었던 것도 다 내가 이렇게 알뜰살뜰히 조선을 돌본 덕분이라는 거 잊지 마!

# 20대 경종

## 이리저리 눈치를 보던 우울한 왕

| 이름 | 이윤 |
| --- | --- |
| 출생-사망 | 1688년~1724년 |
| 재위 기간 | 1720년~1724년 |

나는 숙종과 장 희빈의 아들 경종이야. 어머니가 사약을 받고 돌아가시기 전까지는 나도 궁궐에서 사랑받으며 자랐어. 하지만 어머니가 죽고 아버지는 점점 나를 거들떠보시지 않았어. 내 이복동생인 연잉군만 예뻐하셨지. 사실 아버지는 연잉군을 세자로 삼고 싶었는데 신하들의 눈치를 보느라 그러지 못했어.

그래서 나에게 대신 정치를 맡기셨어. 아마 내가 잘못하면 세자 자리를 바꾸려고 한 것 같아. 나는 침착하게 잘 해냈어. 하지만 이때 난 정말 우울했어.

마침내 왕이 되었지만 나는 연잉군에게 다음 왕위를 물려주기로 했어. 심지어 어떤 신하들은 연잉군에게 대신 정치를 맡기라고까지 하더라. 난 신하들의 등쌀에 연잉군에게 정치를 맡기고 물러났단다. 하지만 나를 지지해 주는 신하들 덕분에 다시 직접 정치를 했어.

신하들의 싸움은 정말 지긋지긋해. 혼란스러운 정치로 내 건강은 점점 나빠졌고 결국 나는 왕이 된 지 4년 만에 세상을 떠났어. 제발 싸움은 이제 그만!

# 21대 영조

## 탕평책을 실시한 임금

| 이름 | 이금 |
|---|---|
| 출생-사망 | 1694년~1776년 |
| 재위 기간 | 1724년~1776년 |

나는 경종의 이복동생인 영조야. 앞에서 들었다시피 당시 신하들 간의 싸움이 워낙 심해서 나도 정말 힘들었어. 형 경종이 나를 보호해 준 덕분에 목숨을 구할 수 있었어. 왕이 된 나는 붕당의 싸움을 없애야겠다고 다짐했어. 그래서 각 붕당의 인재를 고르게 뽑는 탕평책을 실시했어. 탕평채처럼 붕당들이 잘 어울리길 바랐지. 나의 노력 덕분에 붕당끼리 싸움은 줄어들었단다.

그리고 탕평책이 실시되는 것을 알리기 위해 탕평비도 세웠어. 어때? 나라를 잘 다스리려는 내 의지가 보이지?

나는 군대에 안 가는 대신 내던 세금을 반으로 줄였어. 이걸 '균역법'이라고 해. 줄어든 세금으로 백성들도 한시름 덜었을 거야. 또 모내기법을 전국에 퍼뜨려 쌀의 생산량을 늘렸어. 쌀이 늘어나니까 물건을 사고파는 상업이 발달하게 되었어. 그리고 백성들이 북을 쳐서 억울한 일을 알리는 신문고도 다시 설치했어. 이렇게 백성들이 살기 좋은 나라를 만들기 위해 노력했어. 참, 난 검소하게 생활하고 부지런하게 행동해서 조선의 왕 중 가장 오래 살았단다. 허허!

# 22대 정조

## 조선의 문화를 다시 일으킨 왕

| 이름 | 이산 |
| --- | --- |
| 출생-사망 | 1752년~1800년 |
| 재위 기간 | 1776년~1800년 |

내 이름은 이산이야. 사도 세자와 혜경궁 홍씨 사이에서 태어난 영조의 손자란다. 아버지는 할아버지인 영조에 의해 뒤주에 갇혀 죽었어. 내가 열한 살 때 그 모습을 직접 보고 말았어. 할아버지가 비록 아버지에게 잔인한 일을 하셨지만 난 어릴 때부터 할아버지에게 예쁨을 많이 받았어. 어린 나에게 직접 왕이 될 공부를 시키고 다양한 학문을 배우게 하셨지. 솔직히 내가 좀 똑똑한 데다 어른들 말씀도 잘 들어서 나중에 왕위까지 물려받은 거야.

왕이 된 후 나는 할아버지의 뜻을 이어받아 탕평책을 펼쳤어. 할아버지 영조가 모든 붕당에서 골고루 인재를 뽑았다면, 나는 붕당과 상관없이 능력 있는 인재를 뽑았어. 또한 학문을 연구하는 규장각을 만들어 신분을 따지지 않고 관리로 뽑았어.

나는 아버지 사도 세자의 묘를 수원으로 옮기며 화성을 지었어. 그리고 그곳을 상업과 군사의 중심지로 만들려고 했어. 어머니를 모시고 수원 화성에서 사는 게 내 꿈이었지. 하지만 내가 갑자기 세상을 떠나는 바람에 개혁 정치가 다 이루어지지 못했어. 그게 참 아쉬워.

# 23대 순조
## 세도 정치의 시작을 맞이한 왕

| 이름 | 이공 |
|---|---|
| 출생-사망 | 1790년~1834년 |
| 재위 기간 | 1800년~1834년 |

안녕? 나는 정조의 아들이자 순조인 이공이야. 아버지 정조는 영특한 나를 참 예뻐하셨는데 갑작스럽게 돌아가셨어. 그길로 나는 열한 살의 나이로 왕이 되었어. 내가 어렸기 때문에 영조의 부인이자 내 증조할머니인 정순 왕후가 나를 대신해 나랏일을 했어. 그런데 정순 왕후는 나라보다는 자기 가문만을 생각했어.

그러다 열다섯부터 내가 직접 정치를 했는데 이번에는 내 장인어른인 김조순이 권력을 마음대로 휘두르려고 했어. 이때부터 한 가문이 권력을 갖고 제멋대로 휘두르는 세도 정치가 시작되었어. 장인어른이 속한 안동 김씨들은 벼슬을 사고팔고 세금을 마구 걷으며 백성들을 힘들게 했어. 휴!

세도 정치로 나라는 엉망이 되고 말았어. 게다가 자연재해와 전염병까지 더해져 백성들은 정말 죽을 지경이었지. 홍경래를 중심으로 백성들은 더 이상 못 살겠다고 반란을 일으켰지만 실패로 끝났어. 그만큼 살기 힘든 세상이라는 소리겠지.

나도 가만히 있지만은 않았어. 풍양 조씨와 손잡고 안동 김씨 세력을 누르려고 했지. 그리고 내 아들인 효명 세자에게 대신 정치를 맡겼어. 효명 세자는 새로운 정치를 하려고 했지만 갑자기 죽고 말았어. 나도 끝내 조선을 구하지 못하고 4년 뒤 세상을 떠났단다.

# 24대 헌종

## 힘없는 어린 왕

| 이름 | 이환 |
| --- | --- |
| 출생-사망 | 1827년~1849년 |
| 재위 기간 | 1834년~1849년 |

나는 조선의 왕 가운데 가장 어린 나이에 왕이 된 헌종이야. 나의 아버지는 효명 세자였고 할아버지는 순조였어. 순조 때부터 세도 정치가 시작된 얘기는 들었지? 내가 왕이 된 이후에도 크게 달라질 건 없었어. 여덟 살에 왕위에 올라서 나 대신 할머니인 순원 왕후가 나라를 다스렸거든. 할머니는 자기 가문인 안동 김씨만을 위한 나라를 만들었지.

열다섯 살부터는 내가 정치에 나섰지만 이번에는 내 어머니인 신정 왕후가 풍양 조씨 세력을 등에 업고 나라를 쥐락펴락했어. 조선은 안동 김씨와 풍양 조씨가 서로 싸우는 아수라장이 되고 말았단다.

가뜩이나 세도 정치로 나라가 어려운데 흉년과 홍수, 전염병으로 백성들은 고통을 받았어. 백성들은 절망 속에서 천주교를 믿기 시작했지. 당시 조선에는 서양의 배가 자주 나타났지만 나는 서양 문물을 받아들일 준비가 되지 않았어. 나라가 이렇게 엉망인데 다른 데 눈을 돌릴 여유가 없었거든. 나라 안팎이 어지러웠지만 나는 아무 힘이 없었어. 그렇게 스물셋의 나이로 세상을 떠나고 말았단다.

# 25대 철종

## 글도 익히지 못했던 평민 왕

| 이름 | 이원범 |
|---|---|
| 출생-사망 | 1831년~1863년 |
| 재위 기간 | 1849년~1863년 |

내 이름은 이원범이야. 나는 사도 세자의 먼 후손으로 왕위와는 거리가 먼 사람이었어. 왜냐하면 내 아버지는 역모에 휘말려 죽고 난 강화도에서 농사를 지으며 살았거든. 당연히 글도 제대로 몰랐지.

그러던 어느 날 궁궐에서 나를 왕으로 세운다며 찾아왔지 뭐야? 그때 나는 열아홉 살이었어. 갑자기 왕이 되었지만 사실 안동 김씨가 세운 허수아비 왕이라는 것을 알 수 있었어. 나도 왕으로서 정치를 해 보고 싶었지만 정치를 모르고 아무 힘이 없었어.

농사를 짓던 나는 농민을 위한 정책을 펼치고 싶었지만 그마저도 제대로 할 수 없었어. 모든 권력은 안동 김씨가 쥐고 흔들었으니까. 내 마음대로 되는 게 하나도 없다는 걸 깨달은 후부터 난 술만 마시며 세월을 보냈어. 어려운 세상에서 동학과 천주교가 힘들고 지친 백성들 사이에서 인기를 얻었지. 또 전국 곳곳에서 참다못한 농민들이 들불처럼 일어났지만 난들 어떻게 해 줄 도리가 없었어.

# 26대 고종

## 대한 제국을 세운 황제

| 이름 | 이명복 |
|---|---|
| 출생-사망 | 1852년~1919년 |
| 재위 기간 | 1863년~1907년 |

안녕? 나는 흥선 대원군의 아들인 고종이야. 내 앞의 왕인 철종이 젊은 나이에 죽자 조선 왕실은 또다시 술렁였어. 다음 왕위를 이을 사람이 마땅히 없었거든. 그때 헌종의 어머니인 신정 왕후는 먼 친척 중에서 사람을 찾다가 내 아버지를 만났어. 나라를 바꾸고 싶은 마음이 맞아떨어진 두 사람은 힘을 합쳐 열두 살의 나를 왕으로 앉혔지. 물론 왕은 나지만 실제 나랏일은 아버지가 다 했어.

아버지는 조선을 주름잡던 안동 김씨 세력을 몰아냈어. 그리고 강력한 왕권을 위해 임진왜란 때 불탄 경복궁을 다시 지었지. 또한 나라의 문을 닫아 서양으로부터 조선을 지키는 정책을 펼쳤어.

스물두 살이 된 나는 직접 정치를 하기로 마음먹었어. 내 옆에는 든든한 내 편이자 아내인 명성 황후가 있었지. 난 아버지와 달리 나라의 문을 열고 개화 정책을 펼치고 싶었어. 서양의 발전된 문화를 받아들여야 한다고 생각했거든.

나는 나라의 이름을 '대한 제국'으로 바꾸고 새 나라를 만들려고 했어. 하지만 당시 세계의 강한 나라들은 힘없는 나라에 쳐들어갔고 호시탐탐 조선을 노리고 있었어. 힘이 약한 우리나라도 결국 일본에 외교권을 빼앗기고 말았지. 난 특사를 보내 이 억울한 사정을 세계에 알리려고 했는데 그만 일본에 들키고 말았어. 그 일로 나는 황제 자리에서 쫓겨났단다.

# 27대 순종

## 나라를 빼앗긴 마지막 왕

| 이름 | 이척 |
| --- | --- |
| 출생-사망 | 1874년~1926년 |
| 재위 기간 | 1907년~1910년 |

나는 대한 제국의 2대 황제이자 마지막 왕 순종이야. 고종과 명성 황후의 아들이지. 사실 내가 왕이라고는 해도 이름만 왕이었지 아무것도 할 수 없었어. 내가 왕이 되기 전부터 이미 나라는 일본의 손에 넘어가고 있었어. 일본은 내 어머니를 끔찍하게 죽이고 시신을 불태우더니 내 아버지도 황제 자리에서 끌어내렸어. 나를 강제로 왕위에 앉힌 것도 일본의 뜻이었지. 내가 왕이 되자마자 일본은 본격적으로 우리나라를 빼앗기 위한 전략을 세웠어.

1910년 우리나라는 일본에 나라를 빼앗겼어. 500년 넘게 이어 온 조선은 사라지고 일본의 지배를 받게 되었지. 나는 나라를 잃고 창덕궁에서 쓸쓸히 지내다가 세상을 떠났단다. 지금 생각해도 너무 슬프고 부끄러워. 흑흑!

하지만 조선의 백성들은 강했어. 빼앗긴 나라를 되찾고자 목숨을 걸고 독립운동을 했어. 아버지가 돌아가신 후에는 3·1 운동이 일어나 전국으로 퍼져 나갔고, 나의 장례식에는 6·10 만세 운동이 일어났어. 독립운동가와 백성들의 굳센 의지로 마침내 우리나라는 광복을 맞이했단다. 대한 독립 만세!

# 더 알고 싶은 ★ 〈조선왕조실록〉

〈조선왕조실록〉은 첫 임금 태조부터 25대 철종까지 472년 동안 나라에 있었던 일을 쓴 책이에요. 길고 긴 시간만큼 무려 1,893권 888책이나 되지요. 조선 시대에는 왕의 옆에서 사관이 그날 있었던 일을 꼼꼼하게 기록했어요. 조선의 역사가 고스란히 담긴 〈조선왕조실록〉은 유네스코 세계 기록 유산으로 지정되었어요.

▲ <조선왕조실록>(국립고궁박물관)

## 언제 만들어요?

사관은 왕의 말과 행동을 기록했어요. 사실 그대로 기록하기 위해 사관이 쓴 글은 비밀이었고, 왕이라도 그 내용을 함부로 볼 수 없었어요. 왕이 죽으면 여러 기록들을 모아 실록을 만들었어요.

## 끝나는 이름이 달라요

왕의 이름은 왕이 죽은 다음에 붙여요. 조선 왕들의 이름은 '조'나 '종'으로 끝나는데, '군'으로 끝나는 왕도 있어요. 그 이유는 연산군과 광해군이 나라를 바르게 다스리지 못해 쫓겨났기 때문이에요.

## 빠진 실록이 있어요

조선은 태조부터 순종까지 500년 넘게 이어졌어요. 하지만 고종과 순종의 실록은 일제 강점기에 일본 사람들이 썼어요. 그래서 내용이 정확하지 않기 때문에 <조선왕조실록>에 포함하지 않아요.

## 어디에 보관해요?

실록은 나라의 중요한 책을 보관하는 사고에 보관했어요. 사고에 불이 나면 실록이 모두 없어지기 때문에 실록을 여러 개 만들어, 전국 곳곳의 사고에 보관했어요.

▲ 오대산 사고(한국민족문화대백과사전)

## 1대 태조

1392년~1398년

- 장수로 이름을 날렸어요.
- 새 나라 조선을 세웠어요.

## 2대 정종

1398년~1400년

- 왕자의 난으로 왕이 되었어요.
- 동생에게 왕위를 물려주었어요.

## 3대 태종

1400년~1418년

- 조선을 세우는 데 가장 큰 공을 세웠어요.
- 나라의 기틀을 다졌어요.

## 4대 세종

1418년~1450년

- 훈민정음을 만들었어요.
- 과학과 문화를 발전시켰어요.

## 5대 문종

1450년~1452년

- 세종을 도와 나라를 다스렸어요.
- 군사 제도를 개혁했어요.

## 6대 단종

1452년~1455년

- 어린 나이에 왕이 되었어요.
- 삼촌에게 왕위를 넘겨주었어요.

## 7대 세조

1455년~1468년

- 난을 일으키고 권력을 잡았어요.
- 토지 제도와 군사 제도를 고쳤어요.

## 8대 예종

1468년~1469년

- 형이 일찍 죽어 왕이 되었어요.
- 몸이 약해 일찍 세상을 떠났어요.

## 9대 성종

1469년~1494년

- <경국대전>을 완성했어요.
- 사림을 뽑아 나랏일을 시켰어요.

## 10대 연산군

1494년~1506년

- 나랏일은 내팽개치고 사냥과 잔치를 즐겼어요.
- 왕의 자리에서 쫓겨났어요.

## 11대 중종

1506년~1544년

- 반정으로 왕이 되었어요.
- 개혁을 시도했지만 실패했어요.

## 12대 인종

1544년~1545년

- 착하고 효도를 다했어요.
- 왕이 되고 몇 달 만에 세상을 떠났어요.

## 13대 명종

1545년~1567년

- 어머니와 외삼촌이 권력을 잡았어요.
- 임꺽정이 의적으로 활동했어요.

## 14대 선조

1567년~1608년

- 사림이 동인과 서인으로 나뉘어 싸웠어요.
- 임진왜란이 일어나자 도망갔어요.

## 15대 광해군

1608년~1623년

- 중립 외교를 펼쳤어요.
- 동생을 죽여 왕의 자리에서 쫓겨났어요.

## 16대 인조

1623년~1649년

- 반정으로 왕이 되었어요.
- 청나라에 항복했어요.

## 17대 효종

1649년~1659년

- 청나라를 무찌르기 위해 준비했어요.
- 러시아 정벌에 도움을 주었어요.

## 18대 현종

1659년~1674년

- 상복 문제를 두고 신하들이 정치 싸움을 했어요.
- 가뭄과 추위로 백성들이 힘들게 살았어요.

## 19대 숙종

1674년~1720년

- 환국 때마다 왕비를 바꾸었어요.
- 왕권을 강하게 만들었어요.

## 20대 경종

1720년~1724년

- 어린 나이에 어머니의 죽음을 맞았어요.
- 몸과 마음이 약했어요.

## 21대 영조

1724년~1776년

- 탕평책을 펼쳤어요.
- 균역법으로 백성들의 부담을 덜어 주었어요.

## 22대 정조

1776년~1800년

- 규장각을 만들고 인재를 뽑았어요.
- 수원 화성을 건설했어요.

## 23대 순조

1800년~1834년

- 세도 정치가 시작되었어요.
- 홍경래가 난을 일으켰어요.

## 24대 헌종

1834년~1849년

- 안동 김씨와 풍양 조씨가 권력 싸움을 벌였어요.
- 서양의 배가 자주 나타났어요.

## 25대 철종

1849년~1863년

- 강화도에서 농사를 지었어요.
- 전국에서 농민들이 난을 일으켰어요.

## 26대 고종

1863년~1907년

- 흥선 대원군의 노력으로 왕이 되었어요.
- 대한 제국을 세우고 황제가 되었어요.

## 27대 순종

1907년~1910년

- 일본에 나라를 빼앗겼어요.
- 장례식 날 만세 운동이 일어났어요.

대림아이
첫술에 배부른 역사 시리즈 01

# 왕이 들려주는 조선왕조실록

초판 1쇄 인쇄 2024년 4월 5일
초판 2쇄 발행 2025년 2월 5일

**글** 조아라
**그림** 수아

**펴낸곳** 대림출판미디어
**펴낸이** 유영일
**편집** 문연정
**마케팅** 신진섭
**등록** 제2021-000005호
**주소** 서울시 영등포구 대림로34다길 16, 다청림 101동 301호
**전화** 02-843-9465
**팩스** 02-6455-9495
**E-mail** yyi73@naver.com
**Tistory** https://dae9495.tistory.com

**ISBN** 979-11-92813-16-5
979-11-92813-15-8(세트)

※ 값은 뒤표지에 있습니다. 잘못된 책은 바꾸어 드립니다.